小跳豆 Jumping Bean 幼兒 德育 故事系列

我會關心別人

新雅文化事業有限公司

www.sunya.com.hk

小跳豆
幼兒德育故事系列

跟着跳跳豆和糖糖豆一起養成良好品格

父母在孩子的幼兒時期，培養他們的道德品質是極為重要的。因為這時期的孩子還不能很好地控制自己的行為，他們可能常常會為了一些小事爭吵，亂發脾氣；和別人相處時，不講禮貌；做錯了事，不敢承認等等。這時候，我們應該怎樣幫助孩子建立良好的行為，樹立高尚的品德呢？

《小跳豆幼兒德育故事系列》共 6 冊，透過跳跳豆和糖糖豆的日常生活經歷，帶領孩子學會誠實、不爭吵、關心別人、不發脾氣、不驕傲和不浪費，進而讓他們明白待人處事的方法。

書後設有「親子小遊戲」，以有趣的形式幫助孩子判斷行為的對錯。「培養品德小貼士」提供一些實用性建議予家長，有效地幫助孩子養成良好的品格。

在日常生活中，父母也應為孩子樹立好的榜樣，關心他人，對他人有禮貌等，孩子在耳濡目染下自然也會養成良好的品德。

讓親子閱讀更有趣！

　　本系列屬「新雅點讀樂園」產品之一，若配備新雅點讀筆，爸媽和孩子可以使用全書的點讀和錄音功能，聆聽粵語朗讀故事、粵語講故事和普通話朗讀故事，亦能點選圖中的角色，聆聽對白，生動地演繹出每個故事，讓孩子隨着聲音，進入豐富多彩的故事世界，而且更可錄下爸媽和孩子的聲音來說故事，增添親子閱讀的趣味！

　　「新雅點讀樂園」產品包括語文學習類、親子故事和知識類等圖書，種類豐富，旨在透過聲音和互動功能帶動孩子學習，提升他們的學習動機與趣味！

想了解更多新雅的點讀產品，請瀏覽新雅網頁(www.sunya.com.hk)或掃描右邊的QR code進入 。

如何使用新雅點讀筆閱讀故事?

1.下載本故事系列的點讀筆檔案

1 瀏覽新雅網頁(www.sunya.com.hk) 或掃描右邊的QR code 進入 新雅‧點讀樂園 。

2 點選 下載點讀筆檔案 ▶ 。

3 依照下載區的步驟說明,點選及下載《小跳豆幼兒德育故事系列》的點讀 筆檔案至電腦,並複製至新雅點讀筆的「BOOKS」資料夾內。

2.啟動點讀功能

開啟點讀筆後,請點選封面右上角的 圖示,然後便可翻開書本, 點選書本上的故事文字或圖畫,點讀筆便會播放相應的內容。

3.選擇語言

如想切換播放語言,請點選內頁右上角的 粵 ☆ 普 圖示,當再次點選內 頁時,點讀筆便會使用所選的語言播放點選的內容。

4.播放整個故事

如想播放整個故事，請直接點選以下圖示：

5.製作獨一無二的點讀故事書

爸媽和孩子可以各自點選以下圖示，錄下自己的聲音來說故事！

1 先點選圖示上爸媽錄音 或 孩子錄音 的位置，再點 OK，便可錄音。

2 完成錄音後，請再次點選 OK，停止錄音。

3 最後點選 ▶ 的位置，便可播放錄音了！

4 如想再次錄音，請重複以上步驟。注意每次只保留最後一次的錄音。

爸媽請使用
這個圖示錄音

孩子請使用
這個圖示錄音

跳跳豆和糖糖豆很喜歡
聽祖父說故事。
祖父說的故事又多又好聽。

每次跳跳豆和糖糖豆
聽完故事後，
就會乖乖回房間上牀睡覺。

這天，祖父說好會到學校去，
接跳跳豆和糖糖豆放學。
但是，他們等了很久，
祖父還沒有來。

他們等呀等，
卻見媽媽來了。

媽媽說：「祖父身體不舒服，
爸爸送他到醫院去了。」

晚飯後，爸爸告訴大家：
「醫生說，祖父要留在
醫院裏多休息，
一星期後，他就可以出院了。」

跳跳豆問：「爸爸，我很想念祖父，
明天探病時可以帶我去嗎？」
糖糖豆說：「我也要去！」

爸爸說：「小孩子不准進病房的，
但是你們可以用視像通話一會兒。」
糖糖豆高興地說：
「好啊！可以聽祖父說故事了！」

跳跳豆説：「妹妹，祖父不舒服，
要好好休息的啊！」
這時候，爸爸媽媽在一旁商量：
「帶些水果給祖父吧！」
「還帶些什麼去好呢？」

糖糖豆聽見了，忙說道：
「哥哥，我們也給祖父
準備一些東西吧！」
跳跳豆想了一會兒，說：
「呀！我們畫一張問候卡
給祖父吧！」

25

第二天，爸爸去醫院探望祖父。
糖糖豆、跳跳豆和媽媽在家裏等着，
一會兒，媽媽的電話響起來了。

糖糖豆和跳跳豆立即擁上前，
對着鏡頭高興地叫道：
「祖父！我們很掛念您呢！
祝您早日康復！」
祖父一邊笑一邊說：
「糖糖豆、跳跳豆，問候卡是你們
自己做的吧？很漂亮呢！」

如果你的家人生病了，你能想到什麼好方法去關心他嗎？
說說看。下面的方法可以給你一些參考。

畫一張問候卡送給他。

帶一些水果和物品去探望他。

培養品德小貼士

如何讓孩子養成關心別人的好習慣？

- 孩子的模仿力非常強，而父母又是孩子首先模仿的對象。因此，在孩子面前，父母應時刻做孩子的榜樣，以身作則。例如在日常生活中，幫助及孝敬老人，主動關心別人等，這樣，孩子自然也會看在眼裏、記在心上，知道怎樣尊敬長輩、珍惜家庭，做到從小主動關心別人。

- 讓孩子知道，當他為別人着想的時候，父母會感到很欣慰，並且記得表揚他：「你學會關心別人了，我感到很高興。」有時，父母還可給予孩子適當的獎勵，久而久之，孩子關心別人的良好行為就會得到鞏固和發揚。

小跳豆幼兒德育故事系列
我會關心別人
原著：秋千
改編：新雅編輯室
繪圖：何宙樺
責任編輯：趙慧雅
美術設計：鄭雅玲
出版：新雅文化事業有限公司
香港英皇道499號北角工業大廈18樓
電話：(852) 2138 7998
傳真：(852) 2597 4003
網址：http://www.sunya.com.hk
電郵：marketing@sunya.com.hk
發行：香港聯合書刊物流有限公司
香港荃灣德士古道220-248號荃灣工業中心16樓
電話：(852) 2150 2100
傳真：(852) 2407 3062
電郵：info@suplogistics.com.hk
印刷：中華商務彩色印刷有限公司
香港新界大埔汀麗路36號
版次：二〇二一年五月初版
二〇二二年三月第二次印刷
版權所有·不准翻印
ISBN: 978-962-08-7691-2
© 2021 Sun Ya Publications (HK) Ltd.
18/F, North Point Industrial Building, 499 King's Road, Hong Kong
Published in Hong Kong, China
Printed in China